Pour Titia, Rafael, Michael et Erika

ISBN 978-2-211-08807-7
Traduction de l'anglais (États-Unis) par Florence Seyvos

Titre de l'édition originale : «I am Pangoo the Penguin»
(Philomel Books, une division de Penguin Young Readers Group, New York)
Loi numéro 49 956 du 16 juillet 1949 sur les publications
destinées à la jeunesse : mars 2007
Dépôt légal : mars 2007
Imprimé en France par Jean Lamour à Maxéville

Satomi Ichikawa

Pangou le pingouin

l'école des loisirs
11, rue de Sèvres, Paris 6e

J'aime Danny et Danny m'aime.

Depuis qu'il est né, je suis son meilleur ami
et il est mon meilleur ami.
Chaque jour, on joue tous les deux,
on mange tous les deux et
on dort tous les deux.

Ce qu'on aime, c'est aller au zoo de Central Park.

Grand-mère nous y emmène tous les samedis.
Ce qu'on aime surtout, c'est regarder nager les pingouins.

Un jour, il y a beaucoup de monde à la maison.
Grand-mère est là aussi. Tout le monde mange des gâteaux et chante : « Joyeux anniversaire, Danny ! »
Danny est très occupé, alors je me cache derrière un fauteuil.
De temps en temps, je passe la tête et je regarde.

Le soir, Danny va se coucher en tenant
tous ses nouveaux animaux dans ses bras.
Oh, Danny ! Et moi ?
Mais il m'a oublié.

Pour la première fois de ma vie, je passe la nuit
tout seul dans le noir.

Quand je me réveille le matin, je suis toujours tout seul.
Je suis sûr que Danny ne m'aime plus. Je suis triste.
Mais tout à coup, je me souviens que je suis un pingouin.
Et où y a-t-il des pingouins ? Au zoo ! C'est sûrement
là-bas que je dois aller.

Je glisse par la fenêtre, hop !
Il faut que j'aille voir les pingouins, oui,
c'est ça que je dois faire.

35

ONE WAY

J'arrive enfin au zoo,
mais où sont les pingouins,
je n'arrive pas à me rappeler…
C'est alors que j'entends de la musique.
Je la connais, je sais d'où elle vient.

Ce sont les animaux
de la grande horloge qui font
cette musique !
«Tu cherches quelque chose ? »
me demande un pingouin
avec un tambour.
Lui, il sait sûrement.
« Oui ! » je lui crie, « je cherche
les pingouins ! »
« C'est là-bas, tout droit !
Tu leur diras bonjour de ma part. »

J'y suis en une seconde.

Et les voilà ! Des pingouins ! Comme moi…

Les pingouins s'approchent derrière la vitre
pour me voir.
« Bonjour », je leur dis, « je suis Pangou le pingouin. »
« Toi ? Un pingouin ? Tu ne nous ressembles pas tellement »,
dit l'un d'eux.
« Est-ce que tu aimes vivre dans le froid ? » demande un autre.
« Euh … non. »
« Est-ce que tu manges du poisson ? »
« Jamais. »
« Tu sais nager ? »

Je fais non de la tête.
Alors les pingouins s'éloignent d'un coup d'aile.
Je ne sais pas nager comme eux, ça, c'est sûr.
Ma place n'est pas avec eux.

Mais si ma place n'est pas avec eux, alors où est-elle ?
Me revoilà tout seul et personne ne m'aime.

Mais soudain, j'entends des voix qui m'appellent.
« Pangou ! Pangou ! »
C'est Grand-mère... et Danny !
« Oh, Pangou, je t'ai cherché partout. C'est Grand-mère qui a deviné que tu viendrais ici. Je suis tellement content de t'avoir retrouvé. Je t'aime, Pangou.
Ne t'en va plus jamais ! »

J’entends la musique de la grande horloge.
« Hé ! » me crie le pingouin au tambour, « tu as trouvé ? »
« Oui, oui ! ! » je réponds.

Ce soir, en s'endormant, Danny me serre fort
dans ses bras.
Et moi ? Je suis heureux. Parce que là,
dans ses bras, c'est ma place à moi.